Ella persistió

13 mujeres americanas que cambiaron el mundo

Escrito por
Chelsea Clinton

Traducido por
Teresa Mlawer

Ilustrado por
Alexandra Boiger

PHILOMEL BOOKS

Philomel Books
an imprint of Penguin Random House LLC
375 Hudson Street
New York, NY 10014

Text copyright © 2017 by Chelsea Clinton.
Illustrations copyright © 2017 by Alexandra Boiger.
First Spanish language edition, 2017.
Philomel Books is a registered trademark of Penguin Random House LLC.

Library of Congress Cataloging-in-Publication Data is available upon request.
Manufactured in China by RR Donnelley Asia Printing Solutions Ltd.
ISBN 9780525514947
10 9 8 7 6 5 4 3 2 1

Edited by Jill Santopolo.
Design by Ellice Lee.
Text set in ITC Kennerley.
The art was done in watercolor and ink on Fabriano paper, then edited in Photoshop.

Inspirado por la Senadora Elizabeth Warren y en homenaje a las mujeres que persisten día tras día. —C.C.

A algunas de mis heroínas: Coretta Scott King, Sophie Scholl y mi madre, Berta Boiger. —A.B

A veces ser niña no es fácil. Puede que llegue el momento en que alguien te diga «no», te diga que no hables, incluso que alguien te diga que abandones tus sueños porque no son posibles. No los escuches. Estas trece mujeres americanas no aceptaron un «no» por respuesta.

Ellas persistieron.

HARRIET TUBMAN

nació esclava, y es posible que ahí hubiese terminado su historia. Sin embargo, **ella persistió**, logró huir y se convirtió en la más famosa «conductora» del Ferrocarril Clandestino. En muchas ocasiones, arriesgó su vida conduciendo a numerosos esclavos hacia la libertad, incluyendo a su familia, amigos y desconocidos; todas las personas llegaron sanas y salvas a su destino.

«Debo luchar por mi libertad mientras tenga fuerzas».

Cuando HELEN KELLER se quedó
sorda y ciega siendo muy pequeña, muy pocas
personas pensaron que aprendería a leer, escribir
o hablar. Pero ella persistió. Aprendió a
hacer las tres cosas, y no solo fue la primera
persona sorda y ciega en graduarse de la
universidad, sino que utilizó como ejemplo su
propia historia para lograr mejores oportunidades
para las personas discapacitadas en Estados
Unidos y en el mundo entero.

«Uno nunca debe
consentir arrastrarse
cuando siente el
impulso de volar».

Después de que su familia lograra escapar de la pobreza y de la amenaza de violencia en Ucrania, y estableciera un nuevo hogar en la ciudad de Nueva York, CLARA LEMLICH consiguió trabajo en una fábrica textil. Escribió que las condiciones en las fábricas convertían a las mujeres en máquinas. **Ella persistió**, organizando piquetes en señal de protesta y huelgas que finalmente consiguieron mejores salarios, menos horas de trabajo y condiciones más seguras para miles de trabajadores, tanto mujeres como hombres.

NELLIE BLY se hizo corresponsal en parte porque un escritor había dicho que las mujeres trabajadoras eran «una monstruosidad», y quería demostrar que las mujeres podían hacer cualquier trabajo. Ella persistió a lo largo de su carrera, incluso poniendo en peligro su seguridad, al exponer verdaderas monstruosidades, empleándose en una fábrica donde explotaban a los trabajadores e internándose en un hospital psiquiátrico para mostrar el mal trato que se les daba a las personas.

«Nunca he escrito una palabra que no me naciera del corazón. Nunca lo haré».

Al ver las enfermedades que sufrían sus hermanos pequeños, VIRGINIA APGAR decidió, desde muy temprana edad, ser doctora, mucho antes de que las niñas albergaran esos sueños. Aunque estaba cualificada para ser cirujana, el jefe de cirugía del hospital donde ella trabajaba trató de disuadirla porque era mujer. Sin embargo, **ella persistió**, se hizo anestesióloga y desarrolló el test de Apgar, método que se utiliza hasta hoy día en todos los hospitales del mundo para evaluar la salud de los recién nacidos.

«Nadie, pero absolutamente nadie, va a dejar de respirar en mi presencia».

	0	1	2
Frecuencia cardiaca			♥
Esfuerzo respiratorio			✗
Tono muscular		✗	
Reflejos			✗
Color de la piel			✗

Después de que la familia de

MARIA TALLCHIEF

se mudara a California, en parte para apoyar

su sueño de llegar a ser bailarina, Maria fue

víctima de las burlas de los estudiantes de su

escuela por su procedencia nativo americana.

Posteriormente trataron de convencerla de

que se cambiara el apellido por uno que

pareciese ruso, ya que muchos profesionales

de la época procedían de Rusia. Sin embargo,

ella persistió, ignoró las burlas y los malos

consejos, y llegó a convertirse en la primera

gran *prima ballerina* norteamericana.

«Nunca se me ocurrió
decir: "Qué doloroso
es hacer eso"».

Siendo una joven de quince años que tomaba
el autobús para volver a casa de la escuela en
Montgomery, Alabama, era de esperar que
CLAUDETTE COLVIN cediera su
asiento a una mujer blanca solo por el hecho de que
ella era afroamericana. Al negarse a levantarse de su
asiento, ella persistió y se manifestó en contra
de algo que no era justo, y de esa manera inspiró a
Rosa Parks para que hiciera lo mismo nueve meses
más tarde, un acto que muchos señalan como el
inicio del Movimiento por los Derechos Civiles.

BLANCOS

«Era consciente entonces, y también ahora, de que en lo que a la justicia se refiere, no es fácil lograrla. No se puede endulzar. Tienes que manifestarte y decir: "Esto no es justo"».

Cuando **RUBY BRIDGES** comenzó kindergarten, muchas escuelas de Estados Unidos, particularmente en el Sur, negaban a los estudiantes afroamericanos el derecho a la igualdad en la educación. Pero Ruby no quería que la trataran como a una estudiante de segunda clase. Ella persistió y, durante semanas, de camino a la escuela, fue objeto de amenazas llenas de odio por parte de los que protestaban la integración de una escuela de educación primaria «solo para blancos» de Nueva Orleans.

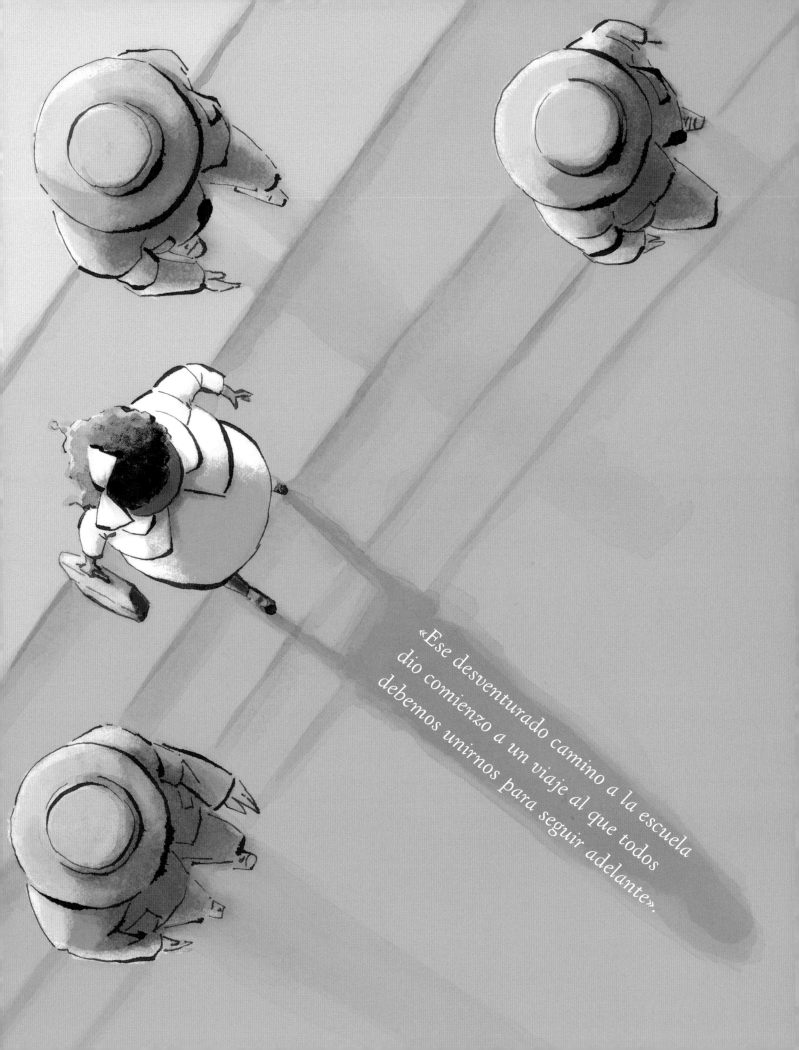

«Ese desventurado camino a la escuela dio comienzo a un viaje al que todos debemos unirnos para seguir adelante».

MARGARET CHASE SMITH

fue la primera mujer en servir como representante

y como senadora en el Congreso de Estados Unidos.

Este hecho en sí pudiera haber sido su gran legado.

Sin embargo, **ella persistió** apoyando la causa

de los derechos de las mujeres, abogando por

mejores oportunidades para ellas en el ejército, por

la libertad de expresión, y apoyando la exploración

espacial. El jefe de la NASA en una ocasión

comentó que no hubiésemos puesto a un hombre

en la luna de no ser por Margaret.

«Lo correcto no siempre es popular y fácil. Defender lo correcto cuando es impopular es una verdadera prueba de carácter moral».

SALLY RIDE siempre pensó que las mujeres podían tener éxito en cualquier carrera de matemáticas o ciencias. Aunque no todo el mundo pensaba igual, **ella persistió** y fue la primera mujer estadounidense en viajar al espacio. Pero eso no fue suficiente para Sally: viajó al espacio una vez más y creó programas de ciencia e ingeniería específicamente para chicas. Así ayudó a generaciones de mujeres jóvenes a lograr sus sueños tanto en la Tierra como en el espacio exterior.

«Las jóvenes necesitan tener modelos a seguir en cualquier carrera que decidan emprender, para que así puedan imaginarse ellas mismas haciendo esos trabajos un día.

No puedes ser lo que no puedes ver».

De niña, cuando

FLORENCE GRIFFITH JOYNER

visitaba a su padre en el desierto Mojave, él la animaba a correr más y más rápido, tan veloz como una liebre. Aun cuando tuvo que abandonar sus estudios universitarios para trabajar y ayudar a mantener a su familia, **ella persistió** y continuó su entrenamiento en la pista; posteriormente, regresó a la universidad y siguió corriendo cada vez más rápido. Su récord mundial, hasta ahora no superado, de los 100 y 200 metros lisos en los Juegos Olímpicos de verano de 1988 demuestra que todavía sigue siendo la mujer más rápida del mundo.

«Cuando alguien me dice que no puedo hacer algo...,

dejo de escuchar en el acto».

META

La abuela de OPRAH WINFREY siempre pensó que Oprah seguiría sus pasos y trabajaría como empleada doméstica. Pero Oprah sabía, desde muy pequeña, que sus sueños la conducirían a otra parte. **Ella persistió** y logró que esos sueños se hicieran realidad. Se convirtió en una superestrella de los medios de comunicación, trabajando en cine, libros, revistas, teatro y, sobre todo, en televisión, donde el programa *The Oprah Winfrey Show* continúa siendo el espacio de entrevistas de mayor difusión de todos los tiempos.

«La aventura más grande que puedes emprender

es vivir la vida de tus sueños».

justicia ~ justice
juez ~ judge
ley ~ law

Viendo programas de televisión sobre casos judiciales,
SONIA SOTOMAYOR supo entonces
que quería ser una jueza de verdad cuando fuese
mayor. Sabía que tenía que hablar inglés tan bien
como hablaba español, aplicarse mucho en la escuela,
y lograr que la diabetes que padecía no constituyera
un impedimento para algún día poder portar la capa
y el mazo de juez. Ella persistió y fue nombrada
jueza del Tribunal Supremo, y la primera latina en ser
miembro del tribunal de justicia más alto del país.

«Nunca he tenido que
enfrentarme a nada que pudiera
aplastar el optimismo nato
y la obstinada perseverancia con
la que he sido bendecida».

Así que, si alguna vez alguien te dice que no, si te dicen que tu voz no cuenta, o que tus sueños son demasiado grandes, piensa en estas mujeres.

Ellas persistieron y tú también puedes hacerlo.